PARA
SARE
Con todo mi amor.
Espero la magia de este
libro logre tocar tu vida
de manera especial.

Danna Ferro

Octubre 17/09

DIÁLOGO
CON MI CORAZÓN

DIÁLOGO CON MI CORAZÓN

Dania Ferro

2009

DIÁLOGO CON MI CORAZÓN

Primera Edición, Julio de 2009

Create Space
www.CreateSpace.com

IMPRESO EN ESTADOS UNIDOS DE AMÉRICA

AGRADECIMIENTOS:

Te agradezco a ti…
El que tengas este libro en tus manos, te convierte en cómplice
directo de un gran sueño que siempre tuve de niña.

ÍNDICE

DIÁLOGO CON MI CORAZÓN

IV. Poemas a los desengaños:

V. Poemas a la vida:

DIÁLOGO CON MI CORAZÓN

Prólogo

El amor y la nostalgia son los sentimientos que se asoman, como el vapor por las fisuras de las cañerías y todos, alguna vez, escribimos sobre eso.

Por ser la tierra baldía pronta a germinar, es el espacio fértil para la semilla, de un romanticismo tierno y fútil que se regenera y florece, llenando todos los espacios con el aroma de una inocencia que va echando raíces mientras crecemos.

Y aquí está presente de nuevo en la poesía de Dania Ferro: la caricia del agua, los suspiros en esas noches repletas de octubres, piedras, caminos y nombres que son el pretexto intimista para garabatear hojas en blanco tratando de acercar esos mundos interiores que escondemos por vergüenza de los días y las gentes que pasan sin dejar huellas.

Un mundo de magia y amor. La pisada de una sensibilidad a prueba de balas. El primer amor, el miedo a la incomprensión, la maldita angustia de la soledad que deja el alma pronta para la poesía. Y es que ésta nace del dolor -bella y pura-, como si el sufrimiento aquilatara su esencia misma.

Dania, poetiza de tierra adentro, de laberintos de trillos y pastizales, de surcos plantados y pies descalzos, distancias bebidas amargamente, virginidades perdidas como tantas cosas... Y sueños, eso sí, ¡muchos sueños!

Los bolsillos, la mochila, las manos mismas, toda inundada de sueños. Tienda de campaña en la que se refugiaba para huir de la intemperie de un mundo hostil y miserable.

¿Sus fantasías? locas, absurdas, increíbles. Era su mundo y daba la espalda a todos para vivir así. Creyendo y buscando corazones que latieran apresuradamente y pieles dispuestas a tatuar recuerdos suyos.

Uno, dos, tres motivos para mirar la noche a través una ventana. Y nació y creció en un país hermoso (Cuba) pero lleno de muros... Y los aprovechó para grabar en ellos mensajes de amor.

Después voló lejos. Ninguna muralla somete un alma de helio.

Comienza en su poesía entonces una etapa nueva. Rumbo, ideas, estilo que muestran una mutación de la creatividad, un vivir distinto. Y lo hace. Ahora exhibe una libertad prestada que hace tan suya que hasta parece propia.

Es el instinto natural del ser humano, el vuelo de la mariposa que escapa del vidrio cruel de un tubo de ensayo. Y bate, bate, bate alas gloriosas e independientes con el orgullo de haber rosado el cielo.

Pero debajo, un torbellino de espuma y hojarascas van dejando sus alas, y un aroma, el de su pueblo cautivo, le brota vehemente.

Calles, parques, bancos, farolas, nombres de gentes, sonidos latinos que acarician.

Es un humo de leños que arden en la humildad del campo, la luz de una lámpara que ilumina dos seres acodados a una mesa solitaria.

El pasado que aúlla detrás de cada perro vagabundo, detrás de cada sombra. Enfermedad inevitable de los poetas condenados. Síndrome del exiliado, le llamó Mañach; Martí, Heredia, Buesa; porque padecieron tal patología, tantos y tan iguales en su amor a esa tierra a la que siempre pertenecieron. El grillo que tira y obliga a mirar atrás.

Y entonces Dania en su texto sin hermetismos deja ver con lúcida benevolencia esta ansia latente, este amor por lo dejado, por lo querido.

La lágrima parca del que, parado en la otra rivera, siente el rumor de las olas que baten la Cuba querida. Trasplante que deja un hueco en el cantero que vio germinar la semilla, trasplante del que la propia planta pierde dos o tres raíces, y no muere; pero siente que por la herida del desprendimiento le brota un chorro de sabia que se pierde sin remedio.

Y es su poesía un grito de auxilio ante tanto sueño perdido, ante cada historia pendiente. Y entonces "querer no se inventa, surge, no te olvidas de querer, al querer no lo mata la ausencia..." es un ¡NO! al renunciamiento.

Su poesía es un acto de rebeldía contra el tiempo y la distancia. Dania defiende los lazos que unen a las personas con una crédula inocencia. Se aferra a lo puro con la misma fe que se reza ante el rosario.

Es el alegato de los que apuestan al corazón todo lo que tienen. A éstos poco importa la desposesión, lo significativo es arrancar tres o cuatro latidos cada día al hastío de una rutina absurda que invade como hiedra.

Vive atrapada en el pozo enorme de sus fantasías. Lleva en el hueco de su mano el ardor de las cosas hermosas que no pudo tener.

Ahora, por fin, consigue el desahogo en unos versos que le brotan sin reparo y que clava en el papel como un Cristo redentor, y lo es, en cierta medida, porque su poesía tiene el dolor del calvario en la ingenua simpleza de una lágrima.

Huir, escapar de la hermeticidad de un círculo obtuso que encierra el espíritu en la carrera interminable de sobrevivir es su meta, y a ella vuela.

La poesía idealista de Dania nos vuelve el rostro a ese espacio divino que llevamos dentro, a ese miedo, ese dolor, el cansancio de los pasos que repiten los mismos peldaños, de esos hombres que viviendo en un mundo que puede ser hermoso son felices andando sin rumbo, sin hogaza, sin libertad.

Su poesía no es el pan cocido por el horno de un oficio hecho. Por lo que escapa a las reglas dogmáticas de la poesía, o más bien, se escurre prófuga de un código al que no quiere atarse bajo ningún concepto. ¿Intencional? No sé, es el misterio de la creación. La línea que separa el arte del error es tan estrecha que se necesita demasiado aumento para definir.

Lo cierto es que su poesía refrescante y tierna, nos remota y nos llena de un sentimentalismo cuidadoso y a veces cruel. Es la función al fin y al cabo del arte.

Nada más que añadir.

Que el lector juzgue.

JESUHADÍN PÉREZ VALDEZ
*Periodista, abogado. Ensayos y artículos
suyos han sido publicados en la revista
Vitral de la Diócesis de Pinar del Río, Cuba.
Fundador de la revista Convivencia.*

Dania Ferro:¿Lo que más disfruta? ¡ESCRIBIR!

Cuando conoces a Dania, crees que ya la has visto antes, o que ya has hablado con ella, o que esa espontaneidad que trasmite es porque realmente estuviste ligada a ella en otra vida.

Algo así me sucedió cuando hablamos por primera vez acerca de cómo podría ella aportar unas gotas de su talento a nuestro periódico. Acordamos que su personalidad y juventud podrían ser buenas herramientas para entrevistar a jóvenes hispanos talentosos y escribir sobre ellos en la sección 'Vida y Estilo'. Pero lo que no planeamos fue que ella era merecedora de un espacio en esta sección.

Dania Ferro nació con el don y la pasión por la lectura, a tal extremo, que en su difícil niñez criada por sus amorosos abuelos - mientras su mamá se recuperaba de una enfermedad - lo único que calmaba a una niña altamente voluntariosa y temperamental, era que le leyeran una historia. Y aunque apenas tenía 3 años, se daba cuenta cuando ya había escuchado la misma.

De entonces data la fascinación de Dania por escribir y contar historias. Ella es capaz de hacer un hermoso relato del más insignificante detalle, e incluso, hacerte reír describiendo, con el poder de sus palabras, un mal momento de su vida.

Dania resume sus cualidades en una gran sonrisa caribeña, una resistente sangre africana y una rica lengua de España. Como la mayoría de los mortales siente miedos: le teme a la noche, a las horas perdidas, a las mentiras. Teme perder lo que ama, y sobre todo, teme no encontrar a alguien en quien confiar.

DIÁLOGO CON MI CORAZÓN

Puedes escucharla decir que no ha tenido dicha en el amor, pero cuando lees sus poemas - que son su mayor pasión – puedes adivinar que todo en su vida ha sido un aprendizaje, que de cada tropiezo se ha levantado con el doble de fuerzas para luchar por lo que desea. Alguien como ella lleva la pasión y el amor tan cercano como el mismísimo mes de febrero que la vio nacer.

En ocasiones, se queja de que no la toman muy en serio por su apariencia física y que dónde quiera que vaya le piden una identificación para cerciorarse de que no es una adolescente escapada de la escuela. Pero estoy segura - y así se lo he dejado saber - que como todo bohemio y talentoso escritor, va a encontrar a la persona que tome muy en serio su trabajo para publicar su libro de poesías.

¡Claro!, tiene que prometerme, a mí y a nuestros lectores, que cuando se convierta en la próxima Isabel Allende, o Ricardo Arjona le ponga música a sus poesías, va a ofrecernos una entrevista exclusiva para contarnos ¡Cómo los sueños, primero hay que soñarlos, para que luego se hagan realidad!

MARITZA CORDO
Jefa de Redacción del semanario
Vista Semanal
Naples, Florida

I.
Poemas a mi familia

Mi razón de ser

2 de marzo 2005 Fort Myers, Florida.

Nací fuera de la espera de todo lo que se planifica felizmente. Mi mamá tuvo un embarazo sola. Apoyada por lo que se movía en su vientre; pretendiendo ser eso, una encantadora promesa. Nadie más que ella defendió la idea de tener un hijo inoportuno.

A todos los demás sólo se les ocurrió como paso más razonable, un grito: ¡Sácate eso! Con lo que hirieron sus oídos. ¡ESO…!

Eso solo sonaba como algún tipo de bicho peligroso, horrible.

Y aunque fue advertida muchas veces por las responsabilidades tan altas a las que se tendría que enfrentar, y aunque no fue bien vista por el juicio de nadie, y aunque en ocasiones bajó su mirada ante quienes la juzgaron mal porque la tentaron las relaciones fuera del matrimonio.

Aunque aferrarse a la idea de un primer hijo significaría abandonar los sueños de juventud; no le temblaron sus piernas a la hora de decidir.

Sus leyes deshechas le costaron una vida afectada. Una desintegración inmediata de su familia en oposición colectiva. Con la que nunca más pudo contar, porque sus reglas moralistas significaban todo... Un adiós, además, por siempre del otro culpable del fruto de la creación. A éste, la idea de semejante futuro, le asustó enormemente. Ser padre a sus veinte años le sonó demasiado fuerte y argumentó que tenía miedo no poder hacer bien su papel.

¡Qué justificación más cobarde! (Sexo antes… no le había sonado tan mal, ahí seguro se mostró bien en todos los sentidos que requiere la condición) Lo cierto es que: ¡MI EXISTENCIA ES YA TODO UN HECHO! Hoy a ella nada la emociona tanto como la palabra mamá. Dice que yo le he devuelto todos los momentos que perdió en su sufrimiento. Que la vida a mi lado ha hecho valer su sacrificio de haber renunciado a

DIÁLOGO CON MI CORAZÓN

TODO y a TODOS por mí.

Siempre me tiene un TE AMO grande que se encarga de mantener mi autoestima elevada. Su meta ha sido llenarme todos los vacíos, queriéndome por todos los que me rechazaron. Así me ha demostrado su amor sin límites. Es mi genio humilde, sin odios ni rencores. Generosa y cordial, limpia de todo. Sin más profesión que la de luchar por una hija, trabajando duro para salir adelante.

Pendiente siempre de detenerse para que yo vea, como un botón se hace rosa o dedique tiempo a levantar mis ojos al arcoiris en busca de otro color (que a lo mejor todos hemos vivido ignorando). Es mi confianza divina, mi beso con alas, mis dos manos de alfarero.

Llena siempre de lindos detalles y de gestos hermosos. La única que me hace creer en el milagro de que yo pueda un día, escribir sobre el agua… Todas las noches me regala la promesa donde cabe todo lo que aún no nos ha sucedido para bien.

Es ella la que roba mis debilidades, mis dudas. La que mata mis complejos, mi pánico por los olvidos, por las espinas. Lucha por atarle las manos a cualquier enfermedad que vea venir tras mis pasos.

La pide a DIOS para ella, todas las pobrezas de mi alma y todas las lágrimas que puedan nublar estos ojitos míos que ella no se cansa de mirar con ternura incalculable.

Repite cada día que su vida sin mi sombra hoy le tuviera mucho miedo al futuro y su corazón al tiempo.

Madre mía eres para mí todo lo maravilloso que pueda decirte. Eres todo lo bueno que se pueda tener. Eres todo lo oculto que se pueda sentir. Eres el todo por el todo. Es una bendición poder oír tu voz nombrándome, tus ojos buscándome.

Tus días pendientes de los míos. Siempre ahí, pegada a la necesidad de mí abrazo. Te debo todas mis alegrías, mis orgullos, mi amor por los libros, mis mejores ideas, los más lindos rasgos físicos. Me haz dado todo… Una mirada al cielo, un mar lleno de sueños, mañanas repletas de deseos, atardeceres de inolvidables confesiones… Esta vida unida a la venidera no me alcanza para el agradecimiento.

Sé que para mayo es un privilegio el tenerte entre sus gloriosas celebraciones. Tú, madre mía, deberías ser dueña de todos los mejores días.

Quiero que sepas: que todas mis horas llevan tu nombre y la luz de tu sonrisa Y te amo por cada vez que respiro, pestañeo, pienso o amanezco…

Te dedico a ti, este primer libro de poemas adolescentes
Con todo el amor que una hija puede sentir por una
SUPER MADRE como tú.

Mi adorada abuela
Pucha con Flores

10 de septiembre de 2005. Fort Myers, Florida

La espero segura en un rincón.
Está de más la pregunta:
¿Qué me compraste?
Con sus ojos de abuela insuperable,
me trae la armonía grande
de un libro sabio.

La bella Anett

28 de junio de 2004. Fort Myers, Florida

Sin dietas,
ni cirugías.
En aquella época
germinó su gracia.

Maravillosa
Asombrosa
Sin sacrificios
Sin restos
de tormentosos sueños
sin cumplirse.

Nadie pudo callar,
ni disimular.
Una belleza,
que no se dejó de admirar.
Ni un solo reto
para conseguir aquella figura.

¡Aquella figura
que se tragó
todas las miradas del mundo!

DIÁLOGO CON MI CORAZÓN

Regalo o bendición del cielo.

Juventud, ¡divino tesoro!

Cajas de regalos.
Imágenes lisas
que quedaron colgadas
en una pared.

La bella Anett

¡Así fueron sus quince años!

El tío Chirre

15 de noviembre de 2006. Fort Myers, Florida

Sus huesos sin movimientos
sienten frío.
Se cree a veces hierba seca
en algún camino olvidado.
Sentado en su sillón azul
repetidamente,
ve el sol de las mañanas
desde su portal.
Reconoce el ruido de la reja
que se abre.
Crece -al verla-
el brillo de sus ojos.
Llegaron las manos
que lo acarician.
Las que le pintan girasoles
llenos de luz.
Llegó la niña loca
con raros sueños
que él celebra
Poco a poco
llenan el día de palabras.
Se oyen y se consienten.
Ella lee sus poemas
y le cuenta chistes
Él le enseña
que tiene que amar

mucho sus piernas,
aunque sean delgadas.
Ella sufre por su tío.
Le quiere arrancar
toda esa niebla
que opaca su historia.
Él siente
no poder con ella
salir andando.
Ella contiene
llantos de niña.
Se quiere por su tío
morir a veces.
Los días son testigos
de sus quejas.
Las noches son testigos
de las oraciones a Dios,
en espera del milagro.
Otro día...
Él esperándola...
Sus risas
vuelven a estar juntas
como feliz murmullo.
A ambos,
éso,
les acaricia el alma.
Sus huesos
siguen sin movimiento.
Ella lo abraza
Crece el brillo
de sus ojos
cuando la ve.
Ella le lee poemas
y le cuenta chistes
¡Él deja de sentir frío!

El hombre
y sus sueños

20 de diciembre de 2004. Fort Myers, Florida

¡Y como recuerdo siempre al tío Gilbe!
Jugar pelota
era su mundo.
La gloria
que lo colgaba
del cielo.
El camino seguro
a la satisfacción.
No importaba
si era jugador
o público,
para él
era lo mismo;
chiflidos,
júbilo,
altura de una bola
que se va.

El sabor del triunfo
valorado tanto
por sus ojos atentos.
Reconocimiento de su nombre
desde home.
O el apoyo de la gente

en las gradas.
Era su don
sin remedio.

Un día
sería grande
y escribiría un libro
para los niños.
Niños que como él
serían público,
y después
jugadores...

Reclamos de Anett

2 de febrero de 2007, Fort Myers, Florida

¡Me duele este silencio!
¡Me duele el tiempo!
Cada día pesan
en estos hombros míos,
como una bolsa de arena,
el silencio,
y el tiempo.
Ellos,
¡los mismos siempre!
Esta amarga resignación.
Este chocar
con tu recuerdo.

Cada simpleza
que te trae a mí.
Cada pedazo de vida
que vivo.
¡Te encuentro en todo!
Momentos van y vienen...
¡No apareces!
los enfrento,
no te olvido,
sigo...

Tu presencia medular.
Éso, ¡tu presencia!
El acostumbrado intercambio...

DIÁLOGO CON MI CORAZÓN

¿Dónde estás...?
Cosas buenas y malas
van pasando
sin que lo sepas.
También suceden contigo
y ni siquiera puedo yo
imaginarlas.
He vivido un poco más
desde que te busco.
He aprendido
que el tiempo
nos va empujando
inevitablemente
hacia lo razonable.
Nos empuja
y nos aleja
de las grandes pasiones,
de los amores desenfrenados,
de los encuentros
impostergables,
de las lindas relaciones
siempre auténticas.
El tiempo nos va haciendo
seres diferentes.
Es indudablemente notable
el efecto del tiempo.
Cada palabra dicha,
cada espacio
que nos queda,
cada modo de obrar.
He aprendido un poco más
desde que te busco.
Comprendo ahora
el dolor punzante
de los silencios,
de los recuerdos.
El dolor de las voces
que se apagan
y niegan respuestas.

DIÁLOGO CON MI CORAZÓN

Comprendo ahora
los irremediables silencios,
que a veces,
incluso
sin que lo quiera uno
parecen olvidos
y no es que lo sean...

¡Me duele este silencio!
¡Me duele el tiempo!
Pero somos injustos
y condenadamente insensibles
si culpamos al tiempo
de aquello
que dejamos tirado
porque no nos cabe en la agenda.
Somos doblemente injustos
si queriendo algo,
nos llenamos de obstáculos
y de justificaciones,
para terminar ahogando
el instinto,
prefiriendo el silencio.
Hablo de cosas posibles,
(no de sacrificios
que nos hagan sangrar)
Un pedazo de tinta en un papel,
cinco minutos al mes.
Un rayito de amor
entre tanto mundo agitado.
¿O será
que no es tan posible
como decías.
O como habíamos creído?
¡Me duele este silencio!
¡Me duele el tiempo!
Queriéndote más que siempre.
Anett.

II.
Poemas a mi patria

Nuestra isla, Cuba

12 de agosto de 2006, Fort Myers, Florida

(A esos corazones que aún laten en el exilio …)

Allá está nuestra isla,
Solitaria.
En medio de un asedio
que solo sirve
para encarcelar ilusiones.
Allá está nuestra isla.
Con el corazón apretado
 por la camisa de fuerza
De un puñado de caprichosos…
Un cúmulo de silentes latidos
Viven en ella.
Allá está
aquella que dejamos un día
por miedo al futuro.
Nuestra isla secuestrada,
Náufraga.
Perdida en medio de un mundo
que ya no se ocupa
de las nimiedades.
Nuestra isla sin petróleo,
ni automóviles,
ni periódicos libres,
ni Internet…

DIÁLOGO CON MI CORAZÓN

Nuestra isla
como un hueco negro
en medio del Caribe.
Nuestra pobre isla
cargada de memorias.
Allá está
Malcuidada
 por los que dicen
 cuidarla.
Nuestra isla
La que perdió su inocencia
hace muchos años,
por hambre,
mentira y soledad.
Abandonada,
sucia, silenciosa…
Atada con cadenas
al tronco
de un capricho obtuso.
Pariendo hijos
que le dan la espalda.
Isla repleta de grafitis,
de putas y de corrupción.
Allá está todavía
como me cuenta
mi buen amigo Jesuha
Hecha añicos,
 rodeada de basura,
sin agua limpia,
descalza, apuntalada,
contra la pared.
Pero está todavía
Por si queremos verla…
Nuestra isla existe,
Me lo jura Jesuha,
Allá está.

Diálogo con mi corazón

26 de julio de 2005. Miami, Florida

Mi corazón pregunta:

¿Cómo te atreviste
dejar atrás
todo lo que siempre
admiraste como tuyo?

¿Por qué no llenaste tus manos
de todo cuanto después lejos
desearías tanto?

¿Y tú?...
lo interrumpo
y me defiendo enérgica,

(conteniendo un suspiro
que quiere darle la razón
al corazón)

Tú,
¿por qué no aprendes
a amar
el abrazo
que te dio
esta otra tierra?
¿Por qué no te enamoras

DIÁLOGO CON MI CORAZÓN

del celeste
casi igual
de este cielo...?

Te desgastas añorando
y me arrastras a mí
con tus tristezas
y tus maniáticas quejas.

(El corazón ya no pregunta.
Vibrando intenso
se funde en un silencio largo...)

¿Ves?
Grito con fuerza
 Despertaste mis recuerdos.
 La posibilidad
de terminar por decir,
sí,
¡es cierto!

Despertaste
también de alguna forma
mi rabia,
 pues te apagas,
me dejas sola,
suspendes tu insistencia,
 retiras tus fuerzas ...

¿Y tú...?
¡responde!
¿Podrás
como milagro algún día,
olvidar de dónde vienes
 y darle valor
a dónde estás?

¡Calla!

DIÁLOGO CON MI CORAZÓN

Sonó
extremadamente dolido
el corazón.

¡Calla!
Y procura
que tus labios
no mencionen jamás
tu amada Cuba

¡Calla!
Y procura
que tus ojos
no la busquen,
ni deseen
verla jamás.

¿Lo consigues?

¡Calla!
Y revisa
cada uno
de tus sueños,
menciona solo uno
en el que tu amada
CUBA
no esté ...

¿Lo consigues?

La vida
que pasa hoy
de prisa,
la gente
que se detendrá
algún día muy cerca.
Ninguno oirá
ni mi silencio,

DIÁLOGO CON MI CORAZÓN

ni el tuyo ahora .

Pero yo,
yo que vivo
dentro de ti,
que siento las cosas
que tú sientes

Yo no finjo,
me conmuevo.
Vivo en mi verdad
Y no reprimo mi murmullo:

¿Cómo no pudiste
llenar tus manos
de todo
cuanto después lejos
desearías tanto?

Y quebrada
por tanto dolor
desencajado ...
Mi horizonte
se nubla de lágrimas
saladas
Y se oye al final
una respuesta mía,
húmeda, pálida,
empujada
y sin remedio:

¡Sí!
Pretendí llenar mis manos,
transportarlo todo...

No olvidar ni un solo río;
calles,
lugares preferidos de mi infancia;

DIÁLOGO CON MI CORAZÓN

amigos;
ni el eco de un solo sonido,
de una sola música
de mis incomparables otoños;
ni un solo pedazo de recuerdo
o de cualquier belleza
descubierta por mis ojos...

Pero de mi amada CUBA,

es tanto lo que amo...
que por mucho que quise
llenar mis manos
Vacías aún siempre las encuentro...

Simplemente enamorada
de CUBA

5 de agosto de 2005. Miami, Florida

Hoy estoy amando a Cuba.
Ayer también creo que la amaba.
La amaba y la amo mucho.
Y Cuba me vio dar la espalda
aquel 2 de marzo de 2004.

Y me vio llorar y me vio jurar.
Simplemente enamorada de Cuba
Extrañando a Cuba.
Lejos de Cuba.
Soñando con Cuba.

¡Mi Cuba única!
Mi Cuba mía.
¡Mía es mi Cuba!
¡Libre seas mi Cuba!
¡Viva algun día,
libre mi Cuba!

Cuba:
Tú no estés de rodilla.
Levanta tu dignidad,
en aras de libertad,
¡para sembrar tu semilla!

DIÁLOGO CON MI CORAZÓN

¡Mi Cuba única!
¡Libre seas mi Cuba!

Perdóname antes que muera,
antes que muera de dolor y de ganas,
por volver a estrecharte en mis ojos,
mirarte con mis pasos,
conocerte,
respirarte.
Atraparte en mi sonrisa o
quemarte con este amor.
Cuba, este amor que siempre fue,
que allá quedó
y que aquí siguió.

Simplemente enamorada de mi Cuba.

¡Ay mi Cuba...!

7 de abril de 2005. Los Angeles, California

¡Ay mi Cuba sobrenatural!
Mi Cuba bella.
Tierra de dorados recuerdos,
de ilusiones a medias,
de sueños inconformes...
Tierra única de entera dulzura.
¡Ay mi Cuba sobrenatural!
Mi Cuba bella.
Cambiaría todo este mundo mío
si tuviera ahora delante tus campos.
Recuperaría mi esperanza
mis alegrías y mi vida
si pudiera acabar con estas ganas
de volverte a abrazar algún día.
¡Ay mi Cuba sobrenatural!
Mi Cuba bella.
Tierra profunda y valerosa
que se ríe de la muerte.
¡Distinto y bello es tu sol.

¡Ay mi Cuba sobrenatural!
Mi Cuba bella.
Tierra única de entera dulzura.
¡Estos ojos te lloran tanto!
Estas ansias ya no acaban.

DIÁLOGO CON MI CORAZÓN

Esta añoranza no se rinde.

¡Ay mi Cuba sobrenatural!
Mi Cuba bella.
Muchos son los que ni te conocen,
ni te entienden...
Pero mi alma no te olvida
y este amor
ESTE AMOR...
ya nunca pasa...

Pino Solo y sus recuerdos...

2 de marzo de 2005. Miami, Florida

La distancia fue bebida por ellas
amargamente.
Apoyadas en aquella gran piedra
del camino.
Fueron capitalinos bellos,
con sentido del humor.
Se robaron sus virginidades,
sus noches más dedicadas.

Dueños de las ilusiones
mejor escritas
en un diario.
Con corazones
y direcciones
y besos de labios rojos
encima de sus nombres.

Fueron habaneros
que dejaron risas ...
Pino Solo
las conservará como ecos.

De la Habana.
¡Eran habaneros!

DIÁLOGO CON MI CORAZÓN

De la capital.
Eran capitalinos.
Luisel, Yolexis,
Maikel, Michel,
Jorge, Rene...

¡Fueron ellos!
Los que vinieron
y se fueron.
Y la distancia fue bebida por ellas
amargamente...

Juana la cubana

17 de julio de 2006. Tampa, Florida

Ella tenía la forma
de sus deseos.
Así creyó
en aquella imagen,
que le estremeció
los huesos.
Parecía
no pisar la tierra
cuando la vio
hablar con muecas,
o cerraba
o abría los ojos.

¡Era real!
Eran señales
de existencia.
Retrató su cara,
sus perfectos pechos.

Sus ojos
eran poco demostrativos,
pero Juana
tenía gracia...
Y podía ser ella
su última conquista.

DIÁLOGO CON MI CORAZÓN

¡La perdió de vista!

¡Dios!
Era su éxito esperado.
Buscó en todos los sentidos
y extremos.
Fueron minutos largos,
largos como el olvido
que no olvidas.

Desolado se llevó a casa
aquella luz memorizada.
Todavía repite a veces:
¡Juana mi cubana!

Ella tenía la forma
de mis deseos…

A mis amores de la isla, los que estuvieron...

2 de marzo de 2007. Cayo Hueso, Florida

Entre las sombras
y la sinfonía del mar.
Este mar de Florida
que ante mis ojos,
ahora
se luce y se levanta.
Entre el recuerdo
de sus labios.
y la claridad
de estas ideas,
todavía jóvenes y lúcidas.
¡Lucen perfectamente!
¡Arduos e incrédulos!
Desafiando la inocencia
de mi tiempo.
Ajenos a estas caricias
que aún guardo.
Ajenos
a esta memoria virgen mía,
llena de imágenes detenidas.
Ellos,
¡tan exactos y pletóricos!
Con ese aroma terco e indetenible.

DIÁLOGO CON MI CORAZÓN

Mis ojos se empecinan siempre
en recordar sus huellas
y en salvar su estima.
A través de esta imaginación
sin sentido
que provoca siempre el mar.
Olfateo sus misterios.
Voy evocando sus sonrisas,
sus formas
que serán fortuna
nunca olvidada.
Entre las sombras
y la sinfonía del mar.
Este mar de Florida
que ante mis ojos
ahora
se luce y se levanta.
Voy generando respuestas
en un rito de fuego,
armonía y cordura.
Voy creyendo alcanzar
con mi eterna manía
de recordarlos
su magia.
El silencio y las sombras...
El silencio y la realidad del tiempo ido
me devora sin pena,
sin lástima, sin piedad.
Mi vida aún los extraña
y los busca
en aquella secundaria de San Luis
 llamada:
Sabanas Párragas.
Yadiel ...y yo aquí
Entre las sombras
y la sinfonía del mar.

III.
Poemas al amor

Por si hoy nos llegara la muerte...

14 de febrero de 2006. Fort Myers, Florida

Un día llegará la muerte.
Quedaré inmóvil,
sin risa ...
Sin un pulso agitado
por tanto amar
o por tanto sufrir...
No volveré a sentir tus besos,
o a mirar el mar.
Un día llegará la muerte.
Y mi voz no podrá contar más
que pensé en ti.
Me quitará la alegría secreta
de poder respirar.
Quedaré con ojos cerrados
para siempre.
La muerte se acordará de mi nombre.
Llegará por mí, diciéndome:
era tu hora de cederle espacio
en el mundo
al recién nacido.
Ojalá sea amable conmigo
y me arrastre sin dolor.
La muerte está llena de resignación
y pocas veces

retrasa sus pendientes.
¿Y si cuando llegara hubiera una excusa;
un remedio para impedir su misión
y poder así quedarme
más tiempo contigo?
La muerte es un ser sin lástima
y sé que llegará para llevarme.

¿Iré al cielo?
¿Tendré estrellas en mis manos?
¿Gozaré de paz?
¿Sin lágrimas; sin temores; sin sacrificios?
¿Seré feliz sin pretender ser siempre
la mejor o la más bella?
¿Será realmente eso la vida?
Será todo éso consuelo suficiente
para la angustia de perderte?

¡No!
Que se retrase un poco más la muerte.
¡Qué se olvide por ahora de mi nombre!
No quiero morir ningún día
en el que tú,
estés conmigo.

Ven... abrázame...
¡Vamos a amarnos!
Quizás la muerte confunda
nuestros cuerpos unidos
y pase de largo sin reconocerme...
Por si hoy me llegara la muerte,
ven... abrázame...

Quisiera escribirle a tus ojos

1ero de Febrero de 2008. Fort Myers, Florida

Quisiera escribirle a tus ojos.

Esos ojos que repiten
lo que el alma está sintiendo.
Los que hablan
cuando tus labios abrirse
no se atreven.

Quisiera escribirle a tus ojos.
Esos ojos que provocan
inmensos suspiros.
Suspiros imparables,
que delatan el:
¡ya no los aguanto!

Esos que rompen
el límite del gusto más sagrado
más loco y más perdido.

Con ese estilo de mirar
que solo ellos
pudieran sostener.

Estupendos ojos solitarios.
Sabios y profundos.
Nobles y sinceros.

DIÁLOGO CON MI CORAZÓN

Maravillosos y admirables

Tus ojos
¡Oh! Esos ojos
Que tan fácil dibujar pueden
tus emociones y tus penas
Tus temores y tus triunfos.

¡El mundo si los conociera,
tendría celos de tus ojos!
¡Quisiera escribirle a tus ojos!
Pero debería ponerme a llorar
de vergüenza.

Porque yo,
que pensaba que podía escribir
sobre cualquier cosa.
Yo, que creía que tenía en mis manos
y en mi mente
el poder de describirlo todo
Yo,
debería ponerme a llorar de vergüenza.

Porque no tengo,
ni encuentro
nada igual,
cercano o parecido,
a la única belleza
que son en sí
tus ojos mismos...

¡Te deseo!

20 de julio de 2007. Fort Myers, Florida.

Te hallé desnudo.
Y tu piel se dibuja ahora
en mis ojos.
Te hallé desnudo.
Y lo siento…
No puedo hacer del suceso,
un silencio semejante.

Mis desvelos coquetean
con tu rostro.

Tu fuego tortura mis memorias.
El tiempo devora las imágenes.

Te hallé desnudo
Y lo siento…
No puedo mentir.
¡Mis huesos juran
desde entonces
que te desean!

¡Escribiré una canción que no hable de ti, ni de mí...!

(Canción de Yuvisney Aguilar - versión Poema)

19 de mayo de 2007

Ahora que te vas
puedes buscar
las cosas que siempre soñaste
y que en mí no hallaste.

Ahora que te vas
puedes borrar el beso
que encendió tu cuerpo
y te enseñó a besar.
Y las alas que te di
las puedes regalar
Si ya tocaste el cielo
¿Para que volar?

Ahora que te vas
busca a quien pueda encontrar
el sueño que juntos
escondimos en el mar.

Ahora que te vas
Olvida mis abrazos
donde reposabas en paz.

DIÁLOGO CON MI CORAZÓN

Ahora que te vas
intenta con otra
gritar de amor,
llorar de pasión

Ahora que te vas
intenta con otra
enloquecerte
y perder tu razón...

O será que de AMOR
yo no entiendo nada
¿O será que mi amor no bastó?

Y yo que creí haberte puesto
en tus manos
el secreto de vivir.

Ahora que te vas
Busca, busca...
Quizás a mi lado
te aburrió lo inmenso

Ahora que te vas
No mires mi llanto
busca, busca...
aquello que te hará feliz.

Ahora que te vas
ve a buscar a la mujer
que siempre soñaste
¡y que amarás!

Estoy buscando un hombre

21 de Agosto de 2007. Miami, Florida

Estoy buscando a un hombre
que no se extravíe
en sueños matinales,
ni se distraiga
en olvidos involuntarios.
De pasiones firmes,
de elecciones ya determinadas.

¡Estoy buscando un hombre!
Que rompa los agresivos silencios,
que se lance,
que me crea...
Que absorba con furia
con un disfrute claro y sincero
los destapados instintos
que reservo para amarlo.
¡Eso! AMARLO
Y así, entre una búsqueda
desesperada y loca
Y otra sabia y llena de fe
 Voy chocando
con un mundo de fieras
como ciega inerte.
 Voy descubriendo
en los ojos de los hombres:

DIÁLOGO CON MI CORAZÓN

despiste,
orgullo,
ausencia,
miedos,
silencios.
Y así, entre la búsqueda
y los desaciertos.
Voy en este viaje largo
de la vida.
Rodeada de entregas
que jamás de veras
me entregan...

¡Estoy buscando un hombre!
Y así entre una búsqueda
desesperada y loca
Y otra sabia
y llena de fe
Voy en puntillas...
Aferrada siempre
a una razón
cualquier razón
para adorarlo...

Espejismos....

5 de marzo de 2006. Miami, Florida

En esta tarde
llena de espejismos,
con gestos convalecientes
persigo tu imagen,
tu vida;
un soplo
que me hable de ti.
Porque la demencia
de tu espera,
se asoma
irremediablemente
en mis abnegadas pupilas.

Verte siempre
es como un trozo de ganas,
que no se aburre
de vivir en mi pecho.

Y verte hoy
sería como ganar un día dichoso,
en su amplitud perfecta.
El cielo adivinaría mi ansiedad.
Y pondría en marcha
sus mejores pinceladas.
El viento silbaría en pos
de la esperanza

DIÁLOGO CON MI CORAZÓN

Y mi fiebre experta de esperar
acercaría el logro.

Llegarías tú
 y se abrirían entonces
las constelaciones.
Se desplegarían las luces.
El mundo se miraría distinto.
El universo sería lúcido,
transparente y justo...
Acumularía fuerzas
y sueños para recibirte.
Tus pasos sepultados
 por nuestra cercanía
sacarían fuera mi sonrisa
y esta daría,
para iluminar
todas las noches del mundo...
Mi corazón hirviendo
cargaría una dicha segura;
un temblor extraño y sin reposo.

Nuestras mentes darían el ¡Sí!
al destino del instante
Y nos besaríamos...
Ni siquiera pensaría
o desearía
que la vida usara luego
sus estrategias
para repetir a su antojo
aquel instante.
Porque no existirían
más tiempos,
más momentos,
ni otras,
ni mejores oportunidades
que ese beso
que estaríamos viviendo.

DIÁLOGO CON MI CORAZÓN

¡Me quedaría colgada
para siempre
de ese beso!

Alargándolo,
recreándolo,
disfrutándolo.

Pendiente y sigilosa
para que nadie,
NADIE ...
rompiera la magia...
Y me trajera de vuelta,
esta tarde real.
Llena solo de espejismos.
¡Esta tarde
en la que con gestos convalecientes
tengo tantos deseos de ti!
Y en la que deseo tanto besarte…

Amor a octubre

31 de Octubre de 2007. Fort Myers, Florida

Octubre
¡Tú conoces este amor!
Esta mirada sombría.
Esta inexplicable inquietud.
Desde tu día primero humedeces
estos ojos míos.
Tú me enseñas
 a valorar siempre
tu presencia.
Aun con puertas cerradas,
aun con tus días grises,
iluminas este rostro enamorado.

Octubre.
¡Tú conoces este amor!
Este amor que imprime alegría
a mi semblante,
temblor a mi voz,
empuje a mi sonrisa.
¡Vivirte y adorarte no es hipocresía!
Tu aire siempre distinto
que como coqueteo infantil
me susurra enaltecido:
¡Soy tu Octubre!
Mi corazón te recibe,
medita tus encantos.

DIÁLOGO CON MI CORAZÓN

Es el rodar de tus hojas
la pasión constante de mis sueños.
Y es mi vivir
un vivir pendiente
que desesperadamente
siempre te espera.
Vuelan los días de mi amor.
Vuela mi amor contigo en tus días
Y tus días vuelan llevándose siempre
mi amor.

Octubre
Prométeme que volverás cada año.
¡Porque tú conoces este amor!

Te extraño...

20 de noviembre de 2004. Fort Myers, Florida

Aunque temerosa y sin fuerzas,
me debato con este olvido...
Sin esperanzas,
te extraño.

Extraño tu ternura triste
y tu boca encendida.
Tus mañanas de pereza
y tu predilección por los inviernos.

Extraño tu corazón atrevido
y tus palabras brujas.
Tu desagrado por los amores rotos
y tus pinturas sin sentido.

Extraño tu mirada ardiente
y tu risa de loco.
Tus ilusiones color de rosa
y tus fantasías sin rumbo.

Extraño tus sueños de escenarios
y tu guitarra aliada al sentimiento de poeta.
Tus silencios raros
y tus tristezas faltas de luz.

DIÁLOGO CON MI CORAZÓN

Extraño tu piedad a veces sin justicia
y tus costumbres de gitano.
Tu horizonte lleno de alas
y tus alegrías de momentos.

Extraño tus penas reservadas
y tu sagrado vicio de querer,
de querer hasta los malos...

Extraño tu vocación de cómo
cuándo y dónde opinar.

Extraño tu don de no insultar.
Y tus insaciables deseos de evolucionar.

Y aunque dura y tenaz
sostengo la bandera sin rendirme.
Y me aferro otra vez
al entusiasmo de encontrar tu olvido.
En cada latido de mi corazón desesperado,
hay un consuelo en la certeza
de que todo en la vida es pasajero.
Y cuanto más cerca estoy por conseguirlo
recuerdo que esas eran las palabras
que tú siempre repetías...

Y claro está.
Pienso en ti
mi amor
¡Y vuelvo a extrañarte!

¡Amores que matan, pasiones desenfrenadas!

29 de noviembre de 2007. Fort Myers, Florida

El amor es un milagro
y tu fuiste mi milagro.

Hoy te sumo por última vez
a esta cosecha de ideas y deseos
que declararán la razón de mi verdad.

Hoy quisiera pasar por tu vida
y dejarte esta nota,
que solo pretendo
que te inspire algún día,
enamoradas reflecciones.

Puedes si quieres,
estrechar todo tu espíritu
y poner tu esfuerzo
para crearle mi acento a estas líneas
(y sé que solo necesitas unos instantes
de concentración)
para lograr lo que tan bien conoces.

Hoy es justamente el día,

DIÁLOGO CON MI CORAZÓN

para que sepas que te esperé
hasta que mi paciencia
rozó con la locura.

Hoy me gustaría que supieras
que ya no recrearé más tu imagen
 en mi mente,
esta mente que estaba tan llena de ti.

Hoy te enterarás
que encontré la manera
para sacarte
de mi gastada repetición de gustos
y de mis sudados sueños.

Ya no estarás una y mil veces
llenando siempre mi ansiedad.

Ya tu nombre no será
un profundo sonido en mi cabeza.

Ya pude borrar tu existencia
de cada letra de la palabra AMOR
de cada opinión de distancias,
de imposibles...

Mis letras casi nunca paraban
al destinatario al que las enviaba,
sino al cesto,
víctima del desprecio
de la propia musa,
(que era al fin el responsable de todo)

Por éso...

Ya no gastaré más papeles recordándote.
Ya no me harás hablar en silencio.

DIÁLOGO CON MI CORAZÓN

Ya no quemarás todos mis minutos,
ni mi tiempo.

Mis noches ya no envidiarán las tuyas.

Llegué a resumir como conclusión
que tenías algo.
Algo que iba más allá
de un cuerpo o un rostro lindo.
¡Tenía algo que solo yo podía ver!
Tenía algo que iba más allá de todo.

Pero ya pensar en ti
no tendrá jamás sabor a eternidad.

La última noche te fuistes sin voltear
y verme llorar.
Recuerdo que te grité:
¡Eres mi eterna luz de dicha!
Pero aun así,
se aceleraron tus pasos...

Ya no me quedaré con tu voz.

Esa voz tuya que era como lluvia única
que calmaba mis terribles silencios,
mis miedos.

Te regreso tu voz.

Esa que una vez salió de ti,
envuelta en latidos de un corazón
que fingiste tener grande.

Cuando tú estabas nada faltaba,
porque todo estaba en ti.

Hoy ya no viviré más

DIÁLOGO CON MI CORAZÓN

en un globo de espuma de jabón...

Un día le pedí al Dios del tiempo
que te acercara a mi.

Un día tú pediste
que no se consumieran
nuestras promesas.

Un día yo pedí
que mis besos
fueran el martirio de tu vida
y mis miradas
el miedo de tu cuerpo.

Un día tú pediste
que ni la distancia,
ni el viento
apagaran nunca nuestras voces...

Luché tantas veces para que juntos,
llenos de amor y juventud
pudiéramos juntos
tragarnos el mundo.

Esperé tantos atardeceres
para morir contigo
en un abrazo sin fin.

Pero tus ocupados asuntos
te retrazaban siempre.

Ojalá fueran solo palabras escritas
estos desbordados anhelos.
Esta certeza que te describió
como insuperable;
estos deseos de ti.

DIÁLOGO CON MI CORAZÓN

Hoy ya le he dado un rotundo ¡NO!
a la necesidad de que estés
presente en mi vida.

Ojalá se pudieran sacar los sentimientos
y hacer experimentos con ellos.
Con gusto hubiera ofrecido los míos
para cualquier resultado que hiciera falta.

Sacarlos más allá
de las palabras dichas,
de los cuentos escritos
 y de los hechos demostrados.

Desgraciadamente
la esencia de la verdad
solo la sabe
y la siente
quien la redacta...

Quizás por ello puedo entender
que no me creas.

Hoy,
ya tampoco
es importante que lo hagas ...

Como me hubiera gustado
que tomaras mi pulso
momentos antes de irme.

Estos trazos han dejado
los más hondos pedazos de mí.

Quisiera que lograran tocar tu vida
 de manera estremecedora.

Que estas señales te lleven un día

DIÁLOGO CON MI CORAZÓN

a enteder el sentido
de una entrega verdadera.

Ya no gozarás más
de mi triste sentir,
ya no tendrás el gusto
de saborear mi poco orgullo.

Y aunque un día
ya no esté para verlo
Mi único consuelo será,
que llenes tu boca
de mi nombre
y te preguntes mil veces:
¿por qué?

Quizás en la tierra todavía
muchas personas no entiendan
 porque el amor no se merece...

Por eso hoy
he suicidado determinada
y sin piedad
mi profundo amor por ti.

¡De ninguna forma no borraremos!

5 de marzo de 2005. Miami, Florida

Por ninguna de estas maneras:
rameras,
mares,
o muros...

Por ninguna de estas,
por ninguna de otras...
Por ninguna de las tantas
o las muchas maneras:
sombras pasadas,
astutos presentes,
promesas futuras...

Por ninguna
de las ningunas razones:
Amores que te brinden,
Amores que puedas encontrar,
distancias nuevas
que se te hayan de presentar...

Por ninguna
de las ningunas vías:

DIÁLOGO CON MI CORAZÓN

Ni rápidamente despacio,
ni lentamente acelerado...

Por ninguna
de las ningunas posibilidades:

Me borraré yo de tu vida,
Ni tu vida se borrará de mí...

Querer no se inventa...

27 de Septiembre de 2003 Pino Solo, Cuba

Todos tenemos inrremediables defectos,
pero cuando nos buscan
a pesar de nuestros defectos,
es porque nuestras virtudes resplandecen.

Siempre nos preocupan,
nos enferman y

nos desvelan los defectos,
sin saber muchas veces;

que cuando amamos
algo imperfecto...

es cuando ponemos a prueba
verdaderamente,

la perfeccion de nuestro amor...

     II

Querer no se inventa,
surge...

DIÁLOGO CON MI CORAZÓN

no se programa,
no se duda.
no te olvidas de querer ...

Al querer no lo mata la ausencia,
ni mil errores juntos,
ni totales discrepancias.

Porque querer es un enlace
de razones espirituales muy fuerte
que una vez que nacen,
jamás mueren...

En ocasiones el querer se estruja,
se aísla...

Se esconde
en el erróneo pensamiento
de: ¡se nos fue!

Cuando le hieren y lo maltratan.

Cuando no se cree en él.

Cuando algunos luchan por superarlo,
y otros tanto por destruirlo

El querer entonces gime
y se retuerce

Y no sabe qué hacer...

A veces se le ocurre ser mejor
que la pasada vez.

Pero el querer no muere
Necesita solo una mirada,

DIÁLOGO CON MI CORAZÓN

una mano que lo levante,
unos elogios
que lo reconoscan
como insuperable...

Por muy lejos que creas
que se ha ido tu querer,
está ahi...
esperando que alguna ves
lo invoques

Porque el querer es así

Siempre espera ...

¡Y vuelve a querer !

¡Ojalá...!

16 de febrero de 2003. San Luis, Pinar del Río, Cuba

Ojalá encontrara el remedio
para que nuestro amor
nunca fuera pasado.

Ojalá estuvieramos conectados
por lo inexplicable
o inefable
del alma humana.

¡Ojalá estuviera en tu mañana!

¡Ojalá tu vida siempre tuviera mi rostro!

Ojalá siguieras viendo
todos los colores en mis abrazos.

¡Ojalá no se entibie tu corazón!

¡Ojalá tampoco se enfriara el mío!

¡Ojalá nunca mueran las últimas ilusiones!

Y ojalá que no te amara tanto.

DIÁLOGO CON MI CORAZÓN

¡Ojalá!

Pero estás tú

TÚ MIL VECES AQUÍ

Estás conmigo mi amor
lleno de estrellas,
de agua
y de luz.

TÚ MIL VECES AQUÍ

Estaré contigo
y estarás contigo mi amor...

¡Ojalá!

Amor de adolescencia

7 de Septiembre de 2005 Miami, Florida

Mi rey, mi ángel.
Mi amor de adolescencia
eternizado
momificado en mis recuerdos.

Mi amor preferido e inquietante.
Dias que ya no volverán.
Perdidos o disfrutados.

Mi fiebre sedienta.

Mi dicha hecha constumbre
sonriéndole a mis mañanas,
que me hace otra vez
sentirme joven.

Hoy, ya sin los años
que asaltan a veces mis sueños.

Ya sin gestos diarios
que no lo invoquen
como amuleto vacío del tiempo ido.

Hoy, ya sin él .

Hoy, él ya sin mi.

Pensando en mi Jesua...

28 de Octubre de 2006, Fort Myers , Florida

Pasan las horas
y con las horas los días.
Pasan los días
y con los días los años.
Pasan los años
y con los años la vida.

Y ya casi tengo 23 años.
Se fue mi adolescencia
como esa hoja de papel
empujada por el viento,
que se perdió en las calles
o en cualquier abandonado jardín.

II
Hoy pienso mucho en ti.
Y daría cualquier cosa
porque me abrazaras
y llenaras con tu voz,
tus palabras y tus sueños,
tan tuyos...
que hasta por teléfono
¡me harían oler a ti!

Hay días como éstos,
en los que te tengo clavado aquí...

DIÁLOGO CON MI CORAZÓN

Y vienes a ser como un sol,
un sol que aparta grises nubarrones
o solo ese ser
que me hace sentir tan bien
con su amor desmedido.

III

Nunca he querido
ocupar demasiados espacios.
Ni competir con otras
que llegaron antes
o después.

Solo quiero un rincón junto a ti.
y no importa sino es el mejor.

Puedo vivir sabiendo
que otras para ti
son importantes

Porque sé
que el amor es infinito.

Y el más grande
no es el que anclemos
por la fuerza,
sino aquel
que teniendo alas
no decide nunca
escapar de nuestro lado...

No quiero ser dueña
de tu mar de sueños,
me conformo
con un medio metro de arena,
donde tengas escrito mi nombre...

DIÁLOGO CON MI CORAZÓN

Tampoco quiero todas las estrellas
que puedas atrapar con tus ojos.

Me conformo con una.

Ésta que miro ahora,
a través de una estrecha
y húmeda ventana.

Quien sabe...

Quizás nunca la encuentres
o quizás en tu mirada abarcadora
estemos cruzando los dos
la misma estrella
en este mismo instante...

Solo así, entonces,
habrá valido la pena
que pasara el tiempo,
que tu hubieras
estado ausente

Y que yo te haya
esperado tanto ...

Queriendo únicamente
ser YO para tus ojos

1ero de mayo de 2002 Consolación del Sur, Cuba

Ando en pos de conseguir tu mirada.
No esquives tus ojos amor

¡Mírame!

Quiero ganarme,
todos los antojos raros,
que se le ocurran
y se le presenten de pronto
a tus ojos.

Quiero estar yo
en cada ángulo,
para los cuales tus ojos
 se inclinen.

Quiero provocarlos
en su más grande
y total gusto.
No esquives tus ojos amor

¡Mírame!

DIÁLOGO CON MI CORAZÓN

Quiero despertar en tus ojos,
el nervio y la ansiedad,
porque devuelvan siempre la mirada
y me contemplen.

Quiero que se llenen solamente
de mi gracia...

Quiero que tus ojos completen
su gloria más placentera,
al admirarme.

Quiero jugar a embriagarlos
de mi imagen toda.
No esquives tus ojos amor

¡Mírame!

Si crees que es demasiado,
demasiado egoísmo,
demasiada obseción
y demasiada locura ...

Déjame repetirte
que ando en pos
de conseguir tu mirada...

Quiero ver locos a tus ojos
por el deseo de encontrarme siempre.

Quiero que no descansen
en su afán de perseguirme.

Quiero que se nublen
si no me alcanzan a descubrir,
entre las sombras...

DIÁLOGO CON MI CORAZÓN

Quiero quemar tu débil párpado
y traspasarlo con el brillo
de mi presencia,
(que también quiero que tus ojos
reconozcan como única)

No esquives tus ojos amor
¡Mírame!
Quiero que el extraño palpadiar
no te aleje de la alegría
(que también quiero
que experimenten
tus ojos al observarme)

Quiero vivir constante en tus ojos
No esquives tus ojos amor
No te burles de mi amor.
¡No te aburras de mirarme siempre!

Pero si todavía crees que es demasiado;
demasiado egoísmo,
demasiada obsesión
y demasiada locura ...

Dejame repetirte,
que ando en pos
de conseguir tu mirada

Y quiero que aún
cuando queden cerrados tus ojos
para siempre,
todavía ellos
sigan viéndome solo a mí.

Quítame a mí TODO

5 de Agosto de 2003 San Luis, Cuba

¿Cómo te encuentro?
si te escondes.
¿Cómo deseas que no esté?
cuando lo que más deseo,
ES ESTAR.

¿Cómo quieres que me borre?
cuando lo que más quiero
es que ME GUARDES...

¿Dónde y cómo te encuentro a ti?
El ausente,
el señor miedo...
el desaparecido siempre.

Con buscarte,
nada pierdo
Con encontrarte,
no te quito nada

Para darte,
tengo entre lo mucho

Por si apareces,
por si continúo buscando,

DIÁLOGO CON MI CORAZÓN

por si comprendes un día,
por si te rindes,
por si te encuentro...

¡Quítame, entonces, a mí todo!

No importa morir por volver a creer

8 de septiembre de 2007, Fort Myers, Florida

¡No mates estos sueños!
No muestres tu lado imperfecto.
No proyectes aún tu sombra negra...

¡Ven!
Sí, ven...

Pero no me cuentes
de ésas tus partes heridas.
No compares las historias...

¡Hablemos de ti y de mí!

¡Ven!
Mira con ganas esta boca abierta
y embelesada por ti.
Y lee bien que dije:
MIRA CON GANAS...
y no dije:
JUEGA CON GANAS...

¡Ven!
Pero no cierres las puertas
de esos sentidos tuyos
amaestrados en el arte de agradar.

DIÁLOGO CON MI CORAZÓN

No sacudas crudamente esta ilusión
(la ilusión de creerte ideal).

¡Ven!

Pero no proyectes aún tu sombra negra,
no muestres ese tu escondido lado oscuro.
(el complicado, el que nadie entiende)

No despejes de mi corazón esta alegría.
No distraigas
(con explicaciones
semejantes a estas:
No soy quien tu crees)
Esta alma nerviosa
y perdida hoy por ti ...

¿Y si fuera posible?
¿y si estuviera ahí la oportunidad?
Y si al fin pudiera confiar,
sentir,
creer,
que se puede encontrar
al distinto,
al diferente,
al que se espera siempre.

¡Ven!

Sí, ven
pero no mates todavía este sueño

Solo
VEN...
¡LLEGA A MÍ...!

¡Que ya no me importa morir
 por volver a creer!

Quisiera contigo

Abril de 2007 Fort Myers, Florida

Quisiera contigo
construir puentes,
regar mares.
Alimentar cielos.
Pintar sobre lo ya pintado.

Quisiera contigo
inventarme un futuro,
o tan solo poder desistir ya
de la idea de que existes.

Quisiera contigo
Y las penas invaden mi corazón.
Y la ilusiones son descartadas
por tu realidad y la mía.

Tú vives lejos
Eres un hombre casado
Y ya eres viejo...

Yo soy una loca de 23 años
Tú no me conoces...
Y tú no crees además,
que eres tú... quien yo quiero...

DIÁLOGO CON MI CORAZÓN

Quisiera contigo
Por eso te conservo
en esta aventura del diario.

Te escribo poemas...
Y te incluyo en esta
la peor carrera indecente
(pudiera decir)
de mi corta vida .

Quisiera contigo
porque eres como un mapa.
Ese mapa que prefieres,
y en el que confías.
Ese mapa único y valioso
que te conduce seguro
y brilla con fuerza
en medio
de los muchos y los tantos
que ofrecen recorridos fáciles
y menos arriesgados...

Quisiera contigo
Y nada sirve
y nada ayuda...
Porque soy yo quien decido
que nada sirva,
porque soy yo quien decido
que nada ayude.

Quisiera contigo
¡Y no puedo con las ansias!
Estas ansias que cada vez
se vuelven más ansias
Estas ansias que cada vez,
más pueden.

DIÁLOGO CON MI CORAZÓN

Quisiera contigo
y las penas invaden mi corazón
y las ilusiones son descartadas
por tu realidad y la mía...

Tú vives lejos
Eres un hombre casado
Y ya eres viejo...

Yo soy una loca de 23 años
Tú no me conoces...
Y tú no crees además,
que eres tú... quien yo quiero...

Quisiera contigo
Y eres como el puerto
en el que se reposa.
No por cansancio,
sino por el placer propio
de querer en él
hacerlo.

Quisiera contigo
Porque aunque a veces
el mundo te espere
con maravillas dispuestas
a ser descubiertas.

Tú siempre prefieres un viejo
y conocido puerto.
Ése...
en el que puedas detenerte un día,
para construir puentes,
regar mares,
alimentar cielos,
pintar sobre lo ya pintado ,
inventarte un futuro…

DIÁLOGO CON MI CORAZÓN

Uno siempre prefiere
un viejo y conocido puerto
En el que tan solo
un día
quieras olvidarte
de las penas
que pasan por tu corazón;
o de esas ilusiones
que no descartan
ni tu realidad
¡ni la mía!

Tus besos Raúl

28 de Abril de 2007, Fort Myers, Florida

Tus besos Raúl
esos,
¡los que serán míos!
Los que has hundido,
guardado...
Tus besos Raúl
esos,
¡los que serán míos!

Los mejores, los verdaderos;
los que has conservado sin mancha,
lejos de las miradas exigentes
y necesitadas...

Tus besos Raúl
esos,
¡los que serán míos!

Los nunca repetidos,
los inmensos,
los profundos...
Los que has hundido,
guardado.
Los mejores,
los verdaderos.
los que has conservado.

DIÁLOGO CON MI CORAZÓN

los inmensos
los profundos...
Tan inmensos y tan míos,
que podría
ahogarme o perderme
ya para siempre
en la espera de ellos…

Raúl otra vez Raúl

22 de mayo de 2007, Fort Myers, Florida

¿Por qué sujetar la idea
de que eres tú?

¿Por qué entero y resuelto
cabes tan bien
en el por qué...
de estas,
las mil preguntas
sin respuestas
siempre del alma?

¿Tan fácil soy prisionera entera
de tu faz?

¿Tan difícil es descolgarse
de tu nombre?

¿Y por qué aun así
el abismo atraviesa siempre
LA FE...?
¿Por qué abarcas este mundo mío?
¿Por qué darle rienda a mis pupilas?
¿Tanto poder tienes para mezclarme
en ese cielo todo tuyo de egocentrismo?

DIÁLOGO CON MI CORAZÓN

¿Y por qué aun así
el abismo atraviesa siempre
LA FE...?

¡Dime!

¿Es todo tuyo el mérito?
¿Soy tan manipulable?
¿Tan frágil habré nacido yo?

¡Mi ángel!

8 de octubre del 2007, Fort Myers, Florida

¡Allí estaba !
Tan transparente.
Con aquella inocencia iluminada.

Su rostro tranquilo.
Sus ojos ausentes...
Entonces se me fugaron
todos los suspiros.

Parecía como borracho enamorado.
Con la luna marcada en su frente.
Y una mano sobre su corazón,
como sosteniendo el amor...
¡Aquel amor que no dormía!

Entonces no me atreví
a romper el silencio...

Me hice aun más pequeña,
más delicada,
más insegura,
más débil ...

Y entonces no alcanzé
a pronunciar fuerte

DIÁLOGO CON MI CORAZÓN

Bien fuerte.
Mi única voluntad.
¡Despierta!
Vengo a decirte:
Te amo

¡Sabiendo que me amas!

13 de marzo de 2007, Fort Myers, Florida

Con ojos abiertos,
pendientes y resueltos
permaneces esclavo de este amor.

Y nada hago o digo.
Para que puedas entender
que cuando pasas
no te miro...

Cuando muestras esa felicidad tuya,
perdida, desbocada
y sin juicio.

Solo extiendo tus suspiros
con un: después…
como esperanza cruel.

Tu amor sostienes firmemente.
Un día y otro
mostrándolo sin verguenza.
Brindándolo
sin que tiemblen tus manos.

Un día y otro
hablas súbitamente estremecido

y orgulloso de tu amor.
Los mismos ojos abiertos,
pendientes y resueltos...
Tu amor y tu voz
se vuelven entonces
fantasmas en mis oídos,
en mi memoria de todas las horas;
en mi vida ya simplificada
en encontrar en cada paso tu sombra.
Y me voy acostumbrando a tu amor
como a la noche.
Poco a poco
lo voy agradeciendo
como agradezco el agua;
la emoción o tener madre.
Pero sigo en la posición cínica
de recibir.
Y nada doy
y nada hago o digo
para que recibas tambien tú
un sí o un no,
como certeza verdadera.
No te culpo por amar así.
Amar sin rumbos,
ciego, terco
enamorado...
¡La culpa es mía!
Porque nada hago o digo .
Porque se me doblega el alma,
cuando pienso que entrarte en razón
sería como matarte,
como apagar esos ojos abiertos,
pendientes y resueltos...
¡La culpa es mía!
Porque al final
yo también vivo un poco más,
sabiendo que me amas...

¡Se parecía tanto a ti...!

(Canción de Yuvisney Aguilar versión poema)

¡Se parecía tanto a ti
cuando me hablaba!

Imponía su sonrisa,
su mirada.

¡Se parecía tanto a ti
cuando besaba!

Se parecía a ti
cuando abrazaba,
y parecían abrazos tuyos
robados...

Repetía tus frases
y sonaban entonces
en mis oídos tus voces...

Se parecía a ti
cuando me entregaba su alma,
y lloraba...
Y su llanto se parecía
al tuyo...

¡Hubiera querido amarlo un poco!

DIÁLOGO CON MI CORAZÓN

Pero yo no,
¡Yo no podía!
Yo decidí el adiós...

Yo nunca quise excederme
en sus labios.
Nunca quise perderme
en sus ojos.
Nunca quise refugiarme
en sus brazos.
Nunca quise calmar
sus antojos...

Y es que tuve miedo.
Tuve miedo de dar
lo que es tuyo.
Tuve miedo de perder la luz
esa luz mía
que eres tú.

¡Se parecía tanto a ti cuando reía!
Eran verdaderamente milagrosas
todas las mañanas.
Porque se parecía tanto a ti
cuando me hablaba,
Cuando besaba,
Cuando me abrazaba,
Cuando se entregaba,
Cuando sudaba,
Cuando lloraba,
Cuando me apretaba en sus ojos,
Cuando pedía compañía,
Cuando se perdía en su pasión,
Cuando dormía.
Cuando me preguntaba:
¿por qué se ama?

¡

DIÁLOGO CON MI CORAZÓN

¡Se parecía tanto a ti!
Que hubiera podido
amarlo un poco...

Que hubiera querido
amarlo un poco...

Pero yo no...
¡Yo no podía!
¡Yo decidí el adios!

Si pudiera decirte: Te amo...

1ero. de febrero de 2008, Fort Myers, Florida

Si pudiera decirte: ¡Te amo!
todas las veces que lo pienso
y todas las veces que lo siento.
Se llenaría el mundo
 de mi voz imparable.
Y cada segundo alguien
cubriría sus oídos.

Sonaría mi voz reiterativa
y formaría un eco gigante
y profundo.
Sería un ruido molesto
y ocasionaría caos
(envidias, nauseas, risas, dudas)

Si pudiera decirte: ¡Te amo!
todas las veces que lo pienso
y todas las veces que lo siento...
Te aburrirías
con semejante murmullo incesante.
Desconcentraría todos los otros
acostumbrados sonidos del mundo
(El quiquiriquí de los gallos en las mañanas,
las campanas de las iglesias,

DIÁLOGO CON MI CORAZÓN

el oleaje del mar,
el paso de un tren,
las felicidades de un cumpleaños)

Bastaría con el dulce canto de cantar tu amor
para sustituir todas las emociones
y necesidades de mi vida propia.

Si pudiera decirte: ¡Te amo!
Todas las veces que lo pienso
y todas las veces que lo siento
Se me iría escapando entonces
la vida en cada comentario.

Y me quedaría pegada como imán
a esa mirada de tus ojos.
Y no podría quedarme nunca
en silencio.
Y no podría entonces dormir,
ni morir jamás.

No le digan, que les dije...

28 de agosto de 2008 Fort Myers, Florida

Él – ¿Puedo pedirte un favor...?
No me escribas nunca un poema.
Ella – Está bien...¡No lo haré!
Y si lo hago, no diré nunca que fue
escrito para ti.
Él – Entonces no me estás complaciendo
Ella – Tú dijiste… ¿Puedo pedirte un favor?
Era un favor,
¿o una petición?
Él – ¡Dios mío!
No hay diferencia entre favor y petición.
¿Por qué juegan ustedes ,
los "poetas" tanto con las palabras
y terminan complicándolo todo?
Ella – Yo no soy poeta.
Él – Bueno eres una escritora que escribes
o "intentas" escribir poemas.
¿Cómo debería llamarte entonces?
Ella – (jajajjaja)
Me gustó el término ése de:
"Intentas"...
Llámame Mimí,
(Mimí como de cariño me
decían de niña)

DIÁLOGO CON MI CORAZÓN

Él – Bueno Mimí
No quiero que me pongas a mí en un papel.
No quiero que me encierres en un diario;
o que subrayes mi nombre con colores.
No quiero ser yo,
como esos tantos amores publicados.
Ni el protagonista perfecto
del sufrimiento;
o el nunca totalmente verdadero
"final feliz"...
Ella – Es extraño... Todos casi siempre
me han llegado a pedir alguna vez,
un poema.
Y las preguntas llegan siempre
más o menos así:
¿A quien le dedicastes éste?
¿Por qué no escribes algo para mí?
Yo recibo las preguntas sonriente,
como si ya estuviera acostumbrada.
Él – Dijiste algo clave,
TODOS SIEMPRE...
¡Ahí está!
No soy yo ésos llamados TODOS
Soy y debo ser diferente a ellos.
No quiero ser tachado nunca de igual.
Si algún día escribes algo para mí.
Léelo muchas veces,
memorízalo,
archívalo en tu memoria
y me lo recitas a mí un día entonces
frente a frente.
Cuando por fin estemos sólos,
tú y yo.
¡Pero solo para mí!
Ella – ¡Ves! Dijiste:
Si alguna vez escribes algo para mí.
En el fondo
tu también esperas y quisieras

en alguna ocasión
adueñarte de unos de mis renglones
(quizás los más amorosos e inspirados)
Él – ¡Te equivocas!
¿Puedo pedirte otro favor...?
Ella – ¿Y ahora cual?
Él – Olvida todo lo que te he dicho.
Ella – Eso será casi imposible.
Él – ¿Y por qué...?
Ella – Porque todo lo que has dicho
es demasiado bello, ¡es POESÍA!
Él – ¡Y vuelves tú con lo mismo!
Ella – Ahora eres tú el que no entiende.
Tú y yo somos poesía.
Conocernos, mirarnos, hablar,
tocarnos, amarnos, vivir, respirar...
¡Todo es poesía!
Aunque quieras huir tú siempre de ella.
Él – "Poeta", que diga ...Mimí...
No me quieras convencer.
No me quieras atrapar en tus hojas.
Unas hojas que se pondrán con el tiempo
amarillas; que puede romper un niño, que se las puede llevar
el viento.

No me quieras atrapar en tus hojas,
unas hojas que puede la humedad
enmohecer
o en las que me podrán algun día
leer...
No quiero encontrarme en tus páginas.
No me olvides, pero...
No me guardes a mí en un papel.
Yo soy el sin nombre
y esta conversación nunca ha sido.
No quiero formar parte yo
de tu pasado.
No quiero figurar como antigüedad
decorada dentro de tus libros.

No quiero ser yo uno más de tus
exhibidos poemas.
Yo soy el sin nombre
y esta conversación nunca ha sido.
No quiero ser yo
una de tus veneradas reliquias
juveniles.
No quiero aumentar tu colección,
que no maldigo, ni envidio,
pero que no deja de ser
solo eso,
TU COLECCIÓN...
Quiero ser el poema nunca pedido
el que llegue sin que se le espere.
Pero si llegara a ser algún día...
Quisiera entonces
ser el más importante,
el que nunca salga,
el atorado,
el inconcluso,
el que siempre se esté pensando;
el que nunca logres dar
por terminado, porque le falte
el toque de la perfección.
Quiero ser ese poema que siempre
hayas querido hacer
y de seguro un día
sin pensarlo hagas...
"Poeta" ¡No me olvides!
Pero no me guardes a mí
en un papel.
No me escribas nunca una poesía.
Ella – Sabes... ¡Le contaré al mundo de ti!
El – Yo solo quiero, debo ser y seré siempre
TU PRESENTE.
Poeta. ¡No me olvides nunca!
Ah, y no le cuentes al mundo de mí
más bien cuéntate a ti misma,
sobre mí.

Inocentemente culpable

17 de marzo de 2001. Pino Solo, Cuba

Tómalo así:
Como una huelga mía
sin marcha atrás...
Desesperada
decidida
desbocada
Cobarde, un poco...
Razones infinitas
te proclaman y te acusan...
Tómalo así:
Como escape directo
Como desahogo impreciso...
Como el rotundo ¡No!
De un amor que odia ser amor...
Por tu culpa cargo los mismos carteles
al hombro cada día.
Llevo la tinta derramada
por la lluvia
sobre mi ropa.
Por eso,
Tómalo así:
Como una huelga mía
sin marcha atrás.
NO PUEDES
y además
NO QUIERO
Que seas tú el milagro
que ilumine ahora
tanto mis días.

¡Tu nombre como danza!

24 de julio de 2007, Miami, Florida

Era esa una noche cargada de urgencias,
de bostezos,
de repasos a descuidos mal cuidados.
Era esa una noche de juveniles tormentas
a veces incomprendidas.
De llantos alguna vez interrumpidos.
Era una noche falta de la rogada dirección,
helada ausencia de los míos.
El silencio por todas partes
(como sombra escurridiza
encogida de hombros,
preguntándose siempre
por qué lo culpan a él
de las horas que no se soportan).
Era esa una noche,
una de las tantas noches...
pero cayó ...
OLANCE
al final
¡tu nombre como danza!

IV.
Poemas a los desengaños

¡Lejos de ti, fui realmente yo!

19 de agosto de 2006, Fort Myers, Florida

Hoy fui indiferente a tus encantos
se desmoronaron.
Cayeron como pétalos plásticos,
que fueran pegados sin dedicación.

Hoy fui indiferente a tus encantos.
Se me hicieron invisibles.
Hecha pedazos
me desprendí despacio de ti.
Me libré sangrando
del oficio diario de adorarte.

Y hui...
Hui cautelosa,
velando tu sueño tranquilo.
Hui casi sin pies,
hui casi sin alas...
sin voluntad,
insegura,
inconciente.
Hui sin dejarte un beso,
porque mis besos
se negaron;
se aguantaron,
se apretaron.

DIÁLOGO CON MI CORAZÓN

Prefirieron quedarse viviendo
uno encima del otro,
antes de volver a mostrar necesidad.
Antes de volver a pedir
como mendigos
vivir o morir en tu boca.

Fueron tus desprecios
removiendo mi pena.
Fue esa vida melancólica
acelerando mi embestida carrera.
En este tiempo de huida
no se cuan breve,
no sé cuan tardado,
busqué un respiro,
y fatigada
contemplé mi imagen en un río
que encontré a mi paso.
¡Dios!
¡Era yo una estrella!
Luminosa,
inteligente,
llena de vida,
valiente,
con luz propia,
¡reina de mi propio cielo!
Entonces me reí de ti.
Amo controlador,
despiadado,
¡sin amor!
Era una verdadera estrella
y nunca me dijiste...
Descubrí que había nacido para serlo.
Solo que para brillar,
tal vez necesitaba
estar lejos de ti,
tal vez necesitaba simplemente:
¡No haber sido nunca tu estrella!

¡Pero no lo lograste!

25 de agosto de 2006, Fort Myers, Florida

Tomaste posesión de mi vida
con empeño.
Y mi corazón se entregó
por entero
a los brazos del desconocido
misterio.
Mis ojos confiaron en los tuyos.
Callaron mis dudas
tu voz suave y segura.
Temblé ante tus cálidos besos.
Te mostré mis venas
y te aprovechaste de mi sangre.
Dormiste mi vida
con tus sagradas promesas.
Te colgaste a mis sentidos.
Me anesteciaste con tu ánimo divino.
Te colaste en mis sueños,
sin un concedido permiso.
Conseguiste mi control remoto
y manipulaste mis emociones,
mis reacciones...
Programaste únicamente en mi vida:
EL CANAL DE TU PRESENCIA
A todas horas te quería ver,
tener, sentir, entregar, celebrar...

DIÁLOGO CON MI CORAZÓN

Mi vida suspendió su voluntad
y dependía de la tuya.
Hoy he despertado de prisa
y quise temblar con tus cálidos besos.
Pero ya no eras para mi corazón
un misterio desconocido.
Ya mis ojos no confiaban en los tuyos.
Ya mis dudas no desaparecían
con tu voz suave y segura
Ya mis dudas no desaparecían
ni con tus rodillas en tierra,
o tus manos bañadas en lágrimas
suplicando un: ¡perdóname!
Hoy he despertado de prisa.
Y aunque quise...
Ya no podía temblar
con tus cálidos besos.
Tomaste posesión de mi vida
con empeño.
¡Pero no lo lograste!

Perdóname...

15 de septiembre de 2006, Fort Myers, Florida

Este dolor tuyo,
por culpa mía.

Este dolor sin pausa,
tan intenso
como inesperado,
tan mortal
como cierto.

Este dolor reconoce el final
y nos regresa al principio.

Oscura pobreza
queda suspendida ahora
en nuestras vidas

No es que te deje escapar a prisa,
sin pena...

Si suplicaras un :
¡Espera!

Si pronunciaras un:
¡no lo hagas!

Si pudieras decir

DIÁLOGO CON MI CORAZÓN

o pensar en un:
DETENTE
¡QUEDATE CONMIGO!

Ya sabes que volvería a llamarte:
MI GRAN AMOR.

Sucedería una única y total entrega.
Repetiría una y otra vez
que eres mi imperio de seguridad.
Mi sombra insuperable,
mis manos favoritas.
Mi mirada profunda,
mi genial pasión.
Mi eterna aventura enamorada,
mi perdición total.

Pero después de la única y total entrega,
después...
Volverías a preguntar
en que milla del camino quedó el:
¿nunca dejaré de amarte?

Y preguntarás otra vez:
en que segundo me distraje
y se soltó de tus manos el:
¿no voy a descansar hasta hacerte muy feliz?

y todavía te quedaría voz suficiente
para disimular el nudo de la garganta
y hacer la última pregunta:
¿cuándo adelantaste el fin de la historia
y cambiastes la promesa?:
nunca dejaré de amarte,
¡primero muerta!

Y como yo sé,
 que tú también sabes…

DIÁLOGO CON MI CORAZÓN

Y conoces las respuestas,
que a veces no tienen respuestas ...
Las lágrimas ahogarían la razón.
La tempestad estallaría una y mil veces
contra el por qué…

Vivamos este dolor final
 ya de una vez.

Yo también estoy gastada.
Envuelta en la triste turbulencia.
Hundida en el terremoto de la desesperación.
Enterrada en el profundo desastre
de los irreparables daños.

¡PERDÓNAME!
Perdóname por haber besado tus labios
más para perdernos,
que para conservarlos...

¡Perdóname

¡A ti te culpo!

15 de septiembre de 2005, Orlando, Florida

Frente a sus ojos
crucificados de dolor,
plantas tu sonrisa inevitable,
de doble filo.
Olvidando aquellas estrellas
que miraron juntos
la primera vez.
Hoy las mismas
no se ven claramente…

Sucediendo todo de pronto.
Con tu maldad coagulada.
Y tu sangre fría
y tu baja costumbre
de invitar siempre,
(a una vida que no es tuya)
un cielo tempestuoso…

¡Tu vicio cruel de conquistar!

Deberías ser aire limpio,
mirada sana.

Juraste llenarla
del sabor dulce del río.
La comparastes con el sol.
La llamaste
ÁNGEL
¡Le acariciaste las manos tantas veces!

Convertiste su corazón

en un órgano sin importancia.
A sus caracoles en polvo.
Al camino recorrido,
en un espeso e intransitable
monte de mentiras.
Congelaste su humor que se admiraba.
Destronaste su mirada arrolladora,
su mirada enamorada…
¡Homicida!

En un rincón
yace sin ilusiones de fiestas.

Se borró aquel deseo de niña,
de ver un carnaval en Brasil.

Maniáticamente infeliz,
va dejando su rostro perdido por las calles.

Reparte tarjetas con la palabra fracaso.

Se burla del amor
frente al cuadro de Cupido.

Y sigues apareciendo tú,
en los archivos de su inconsciente.

Clavo oxidado que duele.
Bala perdida.
¡Lobo real!
Puerta que nunca debió abrirse.

¡Homicida!
Homicida que vas por el mundo,
matando sueños…

A ti

¡A ti te culpo!

¡Dímelo, dímelo tú!

14 de marzo de 2000, San Luis, Cuba

Me han dicho
que no responde tu corazón
a estos desesperados
latidos del mío.

Me han dicho
Que no le importan a tus ojos
estas miradas de los ojos míos.

Me han dicho
Que no tiemblan tus manos
cuando lucen junto a las mías.

Me han dicho
Que tus pasos,
han querido huir
de los pasos míos ..

Entonces...
Solo algo...

¿Por qué aún late por ti
este corazón mío?

¿Por qué insisten en mirarte
estos ojos míos?

DIÁLOGO CON MI CORAZÓN

¿Por qué mis manos
sí tiemblan
cuando sienten
las manos tuyas?

¿Por qué mis pasos
no se olvidan
de una vez
de andar siguiendo
los pasos tuyos?

Entonces...
solo algo...
Porque
Me han dicho...

Entonces...
solo algo...

Dímelo
¡Dímelo tú!

Para mi genio Aguilar

29 de junio de 2008, Fort Myers Florida.

Ojalá murieran
Tu vanidad y la mía.

Ojalá duraran
la armonía y el amor.

¡El amor que un día
se promete tanto!

¡Ojalá a veces
se siguieran los sueños!

Ojalá detuvieras tus ojos
justo al frente de los míos.

Ojalá no prolongaras mi pena.

Ojalá que me ayudaras
o me dejaras entonces

salir completamente de tu vida.

¡Dolor que duele...!

1ero. de febrero de 2008, Fort Myers, Florida

Y duele que ya no puedas
ni quieras seguir siendo:
mi caracolito, mi pedacito de cielo,
mi gotica de lluvia, mi franja naranja de arcoiris.
Mi muchachito bello, mi angelito divino.
Mis manos cariñosas, mis ojitos de estrella
Mi naricita de ajonjolí, mi boquita bien pintada.

Y duele que ya no puedas
ni quieras seguir siendo:

La compañía imagen de mil fotos exigidas...
La musa de los mejores poemas...
El rostro y el cuerpo de mi amor más cierto.

Y duele que ya no puedas,
ni hayas querido seguir siendo:
la promesa de una vejez tranquila,
segura de que si mil cosas ya escaseaban
no sería una de ellas entonces
nuestro amor...

Y duele que ya no puedas
ni hayas querido seguir siendo:
aquel hombre que te besaba los pies...
que te miraba más lindo que lo lindo...

DIÁLOGO CON MI CORAZÓN

que juraba siempre fidelidad….

Y duele que ya no puedas
ni quieras dejar de ser:
sólo dolor y lágrimas,
sólo traición y olvido.

Y duele que ya no puedas
ni hayas querido seguir siendo:
mi caracolito, mi pedacito de cielo,
mi gotica de lluvia, mi franja naranja de arcoiris.
Mi muchachito bello, mi angelito divino.
Mis manos cariñosas, mis ojitos de estrella.
Mi naricita de ajonjolí, mi boquita bien pintada.

¡Y duele...!
¡Sí que duele!

Y duele
que hoy no quieras dejar de ser

¡Sólo eso!

¡SÓLO DOLOR QUE DUELE…!

Ausencia

4 de abril de 2008, Fort Myers, Florida

¡Y aquella foto alivió tanto
tu ausencia !

Te miré tanto
sin tú mirarme.

Te sentí tanto
sin tú sentirme.

Y aquella sonrisa tuya permanente.

Aquella sonrisa indiferente.
Indiferente al dolor mío.
Indiferente al dolor de mis lágrimas.
Indiferente al dolor de llorarte tanto.

¡Y aquella foto aliviaba tanto
tu ausencia!

Eras entonces más bello que nunca.
Tenías las virtudes de siempre.
Pero ahora mientras te miraba,
pero ahora
mientras no podía

DIÁLOGO CON MI CORAZÓN

dejar de mirarte...
descubría algunas y muchas más...

Y te miraba
Y te miraba
y te miré tanto,
que me perdí en las horas,
que me perdí hasta en aquella foto
(que ya de memoria sabía...)

¡Ay, aquella foto!

¡Aquella foto que aliviaba tanto
tu ausencia!

¡Te adoré tanto!

Y aquella sonrisa tuya permanente.
Aquella sonrisa indiferente.
Indiferente a esa forma desesperada mía
de extrañar.
¡Sí! Aquella forma desesperada mía
de extrañarte.

Esa forma que no entendiste nunca.
Porque ya nunca más
pudiste ser un "hombre real"

Porque ya nunca más
pudiste salir de aquella foto...

Esa noche
Y otras más
Y muchas otras noches...

¡Aquella foto alivió tanto
tu ausencia!

¡Yo le creí!

12 de agosto de 2007, Miami, Florida

Yo le creí
Y es que era tan lindo,
¡tan fuerte!
Hablaba elocuente,
Parecía superior
DIFERENTE
Yo le creí
¡Y es que era tan distinto!
Bailaba,
sonreía,
prometía,
saludaba.
Tan diferente hablaba
¡Que yo le creí!

Parecía serio,
bueno,
bien criado.
¡Un ángel enviado!
Pero resultó peor que todos.
Un estúpido,
un mentiroso,
un perdido,
un condenado.

Tú no eres mi Adán
y yo no soy tu Eva

22 de junio de 2009, Fort Myers, Florida

¿Por qué Dios me hizo poeta
si a tí la poesía no te importa?

¿Por qué soy sensible, soñadora...?

¿Por qué quiero convencerte
a ti siempre,
que tengo las manos
y el corazón repletos de amor?

¿Y por qué eres tú insensible?

Realista que condena sueños...
¿Por qué no tienes manos visibles
que puedan tocar las mías,
cariñosas y extendidas?

¿Por qué quieres convencerme
a mí siempre
que no tienes un corazón compatible
que tenga ganas de unirse al mío?

¿Y por qué le cuestiono a Dios?

DIÁLOGO CON MI CORAZÓN

Que seguro siendo
el mismo Dios,
sabio y justo
sus razones habrá tenido
para haberte hecho
como eres,
para haberme hecho
como soy

¿Y por qué me quejó tanto
de mi suerte?

¿Por qué reniego de mis dones?
¿tan sólo para agradarte a ti?

¿Por qué deseo tanto
que me ames…?

¿Por qué no te quedaste
en mi vida?

¿Y por qué mi vida
sí se va estúpidamente
cuando pienso en ti?

Si definitivamente ya sé…

Tú no eres mi Adán
y yo no soy tu Eva.

Intentos y reclamos

30 de julio de 2007, Miami, Florida

Intento reclamar tu presencia
en un bosque de sombras,
memorias y gemidos…

Intento hallar tu figura
revoloteando sobre mi cintura,
y tus labios buscando lo sagrado…

Intento devorar tu última poesía,
susurrando palabras
que maldicen tu ausencia
Y agudizan mi cautiverio.

Intentas mentirme
Intentas que te crea…

Intentas ser feliz,
Intentas que te olvide…

V.
Poemas a la vida

¡Y este mundo
siempre ahí!

3 de enero de 2006, Miami, Florida

Estos pasos indecisos.
Este desespero de todos los días.
Esta locura de todos caminando
en busca de lo que buscan ...

Esta maldita realidad
de ver simpre lejano
lo que nos gusta...

Esta incesante carrera
para demostrar que existimos
y que alguien lo note ...

Estas sonrisas muchas veces
pintadas ...

Y esta la mejor voluntad
para agradar siempre ...

¡Este miedo a morir!

Y estas ansias de no querer
perdernos nunca el mañana ...

Esta poderosa invasión
de gente que nos miran
nos imitan,

DIÁLOGO CON MI CORAZÓN

nos estudian,
nos critican...

Y el dinero ,
nuestro señor Don Dinero
con esa actitud firme y declarada
de mantenerse ausente siempre
en la casa del pobre.

Y con ésa,
su persistente manía
de complacer siempre
el capricho del rico.

Y este AMOR
este amor,
rey absoluto
de lo lindo
y lo terrible de la vida.

¡Y este mundo siempre ahí!

Parece como acostumbrado
a todos estos pasos indecisos.
Al desespero de todos los días.
A esta fatiga triste de mostrar
en las fotos
¡FELICIDAD!

¡Y este mundo siempre ahí!

Parece ya como acostumbrado
a este camino triste,
apresurado,
infinito...
Este camino
sin límites para las quejas
y multiplicándose cada día
en deseos...

¿Qué pides tú...?

12 de febrero de 2007, Fort Myers, Florida

Tú, vida
¿qué me traes…?

Música
y llanto.
Sol
y fuego.
Labios
y dolor.
Agua
y furia.
Límite
y locura.
Pan
y muerte.

Tú, vida
¿qué me traes...?
Paseos
y sombras.
Juventud
y soledad.
Encuentros
y huidas.
Libertad
y prisión.

DIÁLOGO CON MI CORAZÓN

Pasión
y odio...

Tú, vida
¿qué me traes..?

¡Oh, vida magnífica!
Vida bella
Mira, mira
¡que te quiero tanto!

Oh, vida magnífica
Vida mía bella…
Mira, mira
¡que te quiero tanto!

Vida mía,
No seas tú vengadora
conmigo
y regálame hoy
a mí,
tu mejor parte.

¡La vida es poesía!

3 de enero de 2007, Fort Myers, Florida

¿Quieres que te escriba una poesía?

Pero me pides
que no te hable
del mar,
ni tampoco
te mencione
el otoño.

Me prohíbes usar
el corazón
o hablar demasiado
del AMOR …

No soportarías
que en ella hablara
de ilusiones y de triunfos,
de desengaños y de penas;
de lluvia ni de ríos.

¿Quieres que te escriba
una poesía?

Pero me pides ignore
el significado de reir
y que subraye

DIÁLOGO CON MI CORAZÓN

como error,
las emociones profundas.

Me pides
que me burle
de la importancia
del alma.
De la divinidad
de los desnudos…

Quieres
que hable
de tu odio
por las mariposas.
Que mencione
tu desagrado por el sol,
el campo,
el sacrificio...

¿Quieres que te escriba
una poesía?

pero necesitas
que confiese
tu completa inconformidad
por el color ridículo
que fue destinado
(según tú)
para el cielo.

No te gusta
la luna.
Ni las estrellas
te han robado
un minuto de atención.

¿Quieres que te escriba
una poesía?

DIÁLOGO CON MI CORAZÓN

Pero descartas
que se pueda reflejar
en ella,
un gota de pasión,
que se pueda
encontrar en ella
un deseo minúsculo...
y se pueda así contar
lo mágico
de vivir una madrugada
en los brazos de alguien.

¿Quieres que te escriba
una poesía?

Pero no crees
en los ángeles,
ni has mirado jamás
estos ojos míos.

Perdóname...

Pero creo
que no podré escribirte nunca
esa poesía.

Cumpliendo mis
23 años mañana

11 de febrero de 2007, Fort Myers, Florida

Mañana cumplo
23 años.

Mañana será
12 de febrero

Mañana recordaré otra vez
que estoy lejos de todos ustedes...

Mañana recordaré
que la vida siempre pasa rápido
y no hay mucho tiempo
para que te pueda responder
el por qué de todo,
el motivo del sufrimiento
o la grandeza del amor.

Mañana recordaré otra vez
mi infancia en Pino Solo,
mis amigos del barrio.
Mi vida entera toda
desde que ví por primera vez la luz.
Desde que supe
que aquello que me robaba

DIÁLOGO CON MI CORAZÓN

toda la imaginación de niña
se llamaba mar,
libros...
abuela,
ilusiones,
vida...

Mañana veré pasar uno a uno
mis recuerdos vividos hasta entonces.

Mañana ya dejaré de tener 22 años para siempre.

Mañana estaré más cerca de la muerte
 y más lejos de mi querida
y tan recordada adolescencia.

Mañana seguiré queriendo ser tan especial
como las canciones de Ricardo Arjona
o tan brillante
como cualquiera que hasta hoy
ha sido brillante para casi todos...

Mañana tendré el corazón un poco más grande
y los ojos un poco más expertos.

Mañana quisiera amanecer en Cuba
y contemplar el atardecer cerca de Dios...

Mañana pensaré mucho
en los papás ausentes …
y esas madres que tanto nos cuidan
 desde que nos descubren en sus vientres...

Mañana ignoraré solo por un día
el desastre que ocasionan
las diferencias de colores.

DIÁLOGO CON MI CORAZÓN

Los amores de los que tanto
la distancia se burla...

Ignoraré mi suerte medio agridulce.

Ignoraré este mundo de cuadros y de rayas,
de colores y de signos...

Mañana por primera vez
solo pensaré en vivir
como si mañana mismo me fuera a morir.

¡Mañana los recordaré mucho!

Mañana como todos los años
lloraré un poco.

Mañana tendré simplemente un motivo más
para seguir soñando,
sufriendo,
amando,
creyendo,
esperando..

Un motivo más para que la vida me repita
que la acepte como es
y tome sin quejarme de ella
lo que con tantas ganas me ofrece.

Mañana entenderé menos la vida
y amaré más a mi madre...

¡Mañana ya tendré 23 años!

¡Salvémonos los unos a los otros!

20 de enero de 2007, Miami, Florida

Sus pechos vagabundos,
son declarados ya:
propiedad de todos,
los que por ellos paguen…

II

El mundo entonces disfrazándose de juez.
Incapaces de superar sus propios abismos,
pero aferrados en señalar siempre,
caminos equivocados …

III

La gente escogiendo nombres y sentencias,
para tatuar siempre a los peores.
¿Acaso si saben ellos bien,
por dónde se van
o se pierden a veces sus pasos?
¿Acaso no fueron ellos,
expulsados también de su paraíso perfecto?

IV

Progenitores que la hicieron aparecer,
para dejarla sola.

DIÁLOGO CON MI CORAZÓN

Ni un poco de tiempo tuvieron
para mostrarle el amor,
el hambre,
las estaciones
la transparencia,
el mar,
o la decencia.

V

¡Ella ni siquiera los culpa!
Ellos tampoco sabían lo que hacían,
ni cuántos sueños rotos y tristezas mañana
les devolvería la irremediable niebla de la historia…

VI

Ella, aprendió lo que pudo…
con grietas empolvadas avanzó.
Batiéndose con los antojos
y vanidades del mundo.
¿Cómo a quien de nada gozó,
le piden tener tanto?
Boca educada
Elocuencia de niña bien criada
Ropa perfecta.
Vida tranquila.

VII

Quién puede con maldecir
echar fuera el pasado.
Esconderlo debajo de un río.
Quemarlo con un parpadiar seguido
y enojado de ojos
Los recuerdos que ella nunca disfrutó.
La dicha inocente que le negaron,
es ya deseo

sin posibilidad de cumplirse nunca…

VIII

Nadie quiere dejar de ser admirado,
profundo y ejemplo.
Seguro saben cuanto duele
 tener raíces podridas,
mal sembradas.
¡Qué bueno que alguien
los detuvo a tiempo!
Y siguieron creciendo.
Pudieron conservar su flor,
su belleza digna y recta.
Por eso hoy entienden
lo que son.

IX

Ella ya no quiere ser luz impura.
Manos arrepentidas que abracen,
el dinero que consuela
su desamparo y su frío
Ella ya no quiere ser
un cuerpo comprado,
que corre a una ducha para olvidar,
para no pensar…
Ya no quiere
ser mujer de nadie,
mujer perdida.
Ya no quiere
 que transiten por su cuerpo sin cordura,
sin aprecio verdadero.

X

¡No la critiques también tú!
Tú que tienes el optimismo fabricado

DIÁLOGO CON MI CORAZÓN

de bebé con muchos besos.
¡Alíviala con amor tú!
Róbale tú su alma virgen.
Haz solo tuyos
sus pechos vagabundos.
Sus besos acostumbrados a no besar…
Cicatriza tú
con paciencia y ternura,
los arañazos de su último sexo salvaje.
¡Sálvala tú!
¡Pásala tú de un salto
a otro camino!

¡Esta soledad...!

16 de diciembre de 2004, Fort Myers, Florida

Agigantada y densa
es esta soledad.

Quieta,
dormida en cimientos inmóviles...
Agigantada y densa
es esta soledad.

Que no descansa,
pese a mis terrible súplicas
de desarrollar su hábitad.

Agigantada y densa
es esta soledad
pintando tiempos horribles
que se reflejan aún
con el maquillado rostro.

Agigantada y densa
es esta soledad
Que con posición determinada
me está llenando de raíces ...
raíces que me cubren,
me atan,

DIÁLOGO CON MI CORAZÓN

me inundan,
me asustan,
me ahogan...
Agigantada y densa
es esta soledad.

Y esta vida mía cansada
Y esta vida mía cansada de repetir:
¡Que se vaya!
¡Y esta vida mía cansada
no se resigna!
pero agigantada y densa
es ya
esta soledad.

¡Traición…!

25 de marzo de 2008, Fort Myers, Florida

¡Tinieblas!
Miles de ellas.
Noches sin luz.
Sangre perdida.
Cuerpos decrépitos.
Almas imbéciles.
Caminos lúgubres.
Soluciones sin ser tomadas.
Lágrimas
Catástrofe.
Desiertos interminables.
Vacíos espantosos.
Decepciones y abismos...
¡Pasos perdidos!
¡TRAICIÓN!
Todo y más...
¡TRAICIÓN!

Excesos...

1ero de enero de 2003, Pinar del Río, Cuba

La lluvia y la noche lo complacían.

Era una alegría relajante,
extraña.

La razón de sus palabras ausentes,
de sus meditaciones profundas.

La absoluta y acogedora compañía.

Sus mejores horas declaradas.

Nunca le preocupó su obsesión.

Quería que siempre fuera de noche
y lloviera...

Hasta un día,
que el sol tardó en asomarse.

Y sintiendo frío,
vió su casa inundada de lluvia.

El hombre y la muerte

12 de junio de 2003, San Luis, Pinar del Río, Cuba

Huyes de la realidad…
Yo todavía insisto en salvarte.
Tú justificas sus ausencias.
Enmascaras tus traumas.
Yo alzando mis ojos
para no perderte de vista.
Tu rostro duro araña
mi último pedazo de cielo.
Son cordenadas del destino.

No se enterará ya de tu amor
ese fósil congelado.
Duro,
Muy duro,
DURÍSIMO

Pero esa imagen
no se puede volver a moldear.

¡Me haces llorar siempre…!

Pero la muerte
la maldita muerte
no nos devuelve
esos milagros.

¿Cómo matar a la angustia?

2 de junio de 2003, San Luis, Pinar del Río, Cuba

Sé como dejar sin existencia
a un animal.

Tambien sé
como se suicidan las personas,
en caso de desearlo
desesperadamente.

Pero…
¿cómo matar a la angustia?

¿Acaso lo sabes tú…?

Espera...

Nunca me has dicho
si crees en los presentimientos,
en la telepatía.

Si crees
en esas alegrías locas,
que de repente
te vienen encima.

Afirmándote algo

que suponías.

Algo ahora me dice
que piensas en mí .

¡Qué bueno!

Eso hace que sonría.
Espera...

¡Ya sé como matar a la angustia!

¡Tú no tengas miedo!

12 de febrero de 2003, Pinar del Río, Cuba

¿En quién confiar…?

Tengo miedo del agua
de sus corrientes turbias.

De su cauce intranquilo.

De este sol tan ardiente
y estos hilos de arañas tan finos.

Tengo miedo a la noche.
A las horas perdidas.
A los juegos de encuentros.
y a las huídas...

Yo le temo a la magia,
a los besos,
a los vidrios,
a las espinas,
a los olvidos,
a los deseos,
a las mentiras,
a la suerte.
a perderte...

DIÁLOGO CON MI CORAZÓN

Yo le temo a la vida.

Esta vida de horas perdidas.

En la que pocas veces encuentras
en quien confiar.

Y ya sé
Ya sé…

Ni que tener miedo resolviera
el difícil camino de la vida ...

¡Tú no tengas miedo!
Como diría mi José Martí:

Tú vales más
sonríe y pasa ...

Moriré mañana...
mi HOY será intenso

14 de febrero de 2003, San Luis, Pinar del Río, Cuba

Vivimos Hoy
recordando el Ayer.
Y Mañana
recordamos el Hoy.
Y lo que casi nunca hacemos
es vivir el Ahora como lo que es:
un día distinto e importante
en nuestras vidas.
Un día que nunca más volverá.
Que cuando anochezca
se irá para siempre.
Ya no volveremos a vivir
esas vivencias,
esas emociones,
esas vistas iguales.

Cada momento siempre es único
y eterno.
Lo pasado no vuelve.

Aunque se pueda revivir
eternamente
en la memoria.
Permaneciendo ahí:

DIÁLOGO CON MI CORAZÓN

como recorte de episodio,
como negativo de fotografía
o como el pasar del cuadro amoroso
de la película que nunca olvidas.

Así es la cadena infinita
de los recuerdos.

Y la terrible duda
de volver a vivirnos o no
en los días nuevos
que merecen su propia historia.

Recordar es bello.

Lo injusto es hacerlo siempre
en el poco tiempo
que nos tiene reservado
el Ahora.

Moriré mañana,
por eso mí
HOY
¡Será intenso!

¿Qué soy en realidad?

28 de junio de 2002, Pino Solo, Pinar del Río, Cuba.

Soy una huella más
en éste largo camino...

Una huella
que se confunde entre tantas
pero si miras cauteloso
sabrás que es mi huella.
Soy una empedernida soñadora.

Un árbol pequeño
que a veces pasa inadvertido.

¡Una amiga fiel!
Unas manos del alfarero.
Quien habla
con la más insignificante
y cercana piedra...

Quien le cuenta al atardecer
sus deseos.

Y trata de descifrar
el sentido de las cosas,
de los días,
del por qué de las dudas

DIÁLOGO CON MI CORAZÓN

Y los temores humanos.

Soy quien vive
cerrando mucho la mano
para que no
se le escape un beso...

De lo modesto
lo más modesto.

De la flor el tallo
Del hallazgo el misterio...

Del río
creo que la última piedra.

Soy quien
siempre quiere ser mejor
que la pasada vez

Soy la geografía de espacios
que he conquistado.
Soy una gran sonrisa caribeña.
Una resistente sangre africana
Y una rica lengua de España.
Soy un beso tuyo.

¡Un beso amigo,
loco - oculto!

Quizás desprevenido,
solo que no soy
un beso común,
¡NO!
Soy un beso con alas…

¿Poeta...? ¡Morirás pobre!

27 de agosto de 2008, Fort Myers, Florida

Me encanta ser pobre.
Ver mi closet vacío.
Mirar mi nevera
esperando ser tocada
por el peso de carnes,
helados...
Me alegra
en mi cama vieja,
descansar cada noche.
Oír como rechinan
sus muelles...
Llevo años usando
la misma almohada.
Está mal oliente
y gastada.
¡Pero es mía!
Yo la amo.
No la cambio
por ninguna nueva
de marca.
Me encanta ser pobre.
Me gusta oír a mi madre
repetir cada día:
no gastes más tu tiempo
escribiendo poemas.
Busca trabajo,

DIÁLOGO CON MI CORAZÓN

¡no ves lo pobre que estamos!
Pero me encanta ser pobre.
Me gusta sentir
algunas goteras de la lluvia
que se cuelan a veces
por nuestro techo roto.
Cuando siento frío,
me arropo,
sonrío y pienso:
¡No soy tan pobre!
Soy más rica
que otros pobres.
Otros pobres que no tienen
Ni clóset,
ni nevera,
ni cama,
ni almohada,
ni techo,
ni madre…
y ni siquiera tiempo
para escribir poemas...